Horaze, Th. Kayser

Des Horaz Ars Poetica

Horaze, Th. Kayser

Des Horaz Ars Poetica

ISBN/EAN: 9783743355415

Hergestellt in Europa, USA, Kanada, Australien, Japan

Cover: Foto ©Thomas Meinert / pixelio.de

Manufactured and distributed by brebook publishing software (www.brebook.com)

Horaze, Th. Kayser

Des Horaz Ars Poetica

DES HORAZ ARS POETICA

übersetzt und erläutert

von

Professor Dr. Th. Kayser

Die vorliegende Uebersetzung stammt aus der Zeit meiner Lehrthätigkeit am Tübinger Gymnasium, wo ich die A. P. wiederholt erklärt habe, zum erstenmal im Jahr 1868, das letztemal im Jahr 1879. Einige unbedeutende Änderungen abgerechnet ist sie dieselbe, wie ich sie damals meinen Schülern vorgetragen habe. Von den Arbeiten der Vorgänger hat mir Döderlein's epochemachende Übersetzung die reichste Belehrung und Förderung gewährt.

Die angeschlossenen Erläuterungen verzichten darauf einen vollständigen Kommentar zu geben. Wie ich mir in den meiner Übersetzung der horazischen Oden und Epoden (Tübingen 1877) beigegebenen Erläuterungen in erster Linie die Aufgabe gestellt habe die Komposition derselben nachzuweisen, unter Aufstellung der von Horaz befolgten Kompositionsgesetze, und durch Nachweisung derselben jener Hyperkritik, die überall Interpolationen statuiert, entgegenzutreten, so geht mein Bestreben auch hier hauptsächlich dahin, den Gedankengang der A. P. darzulegen und den heutzutage beliebten Umstellungen gegenüber die überlieferte Ordnung des Textes zu rechtfertigen. Die Disposition, die ich gebe, schliesst sich an die von Ritter aufgestellte und von Kiene (Progr. des Gymn. zu Stade 1860/61) weiter ausgeführte an, weicht aber auch in mehreren Punkten sehr wesentlich von ihr ab. Auch sie steht mir seit fast zwei Jahrzehnten fest. Die seither erschienenen Schriften haben mich nicht veranlasst davon abzugehen. Eine Auseinandersetzung mit den abweichenden Ansichten anderer hat der einem Programm vorgeschriebene Raum verboten.

Stuttgart 15. Juli 1888

Theodor Kayser

Horaz an die Pisonen

Wollt' an ein menschliches Haupt ein Maler den Hals eines Pferdes
Fügen und buntes Gefieder als Schmuck dem Leibe verleihen
Und so von überallher entlehnen die einzelnen Glieder,
Dass was oben ein reizendes Weib als garstiger Fisch sich
Endigte: könntet ihr, Freunde, das ansehn ohne zu lachen? 5
Glaubt mir, Pisonen, aufs Haar gleicht diesem Gemälde ein Dichtwerk,
Dessen Gebilde sich toll wie Phantasieen der Kranken
Reihn an einander, so dass das einzelne nimmer zu einem
Ganzen sich rundet. ‚Wie so? es hatten doch Maler und Dichter
Gleiche Berechtigung stets jedwedes beliebig zu wagen?' 10
Wohl! wir kennen das Recht und fordern und geben es wechselnd,
Nur nicht so, dass Zahmes sich liebend geselle zu Wildem
Oder dass Schlangen mit Vögeln und Lämmer mit Tigern sich paaren.
Flickt man doch oft einem grossen und vielversprechenden Anfang
Allerlei Purpurläppchen noch an, hier eines und dort eins, 15
Das recht glänze: so wird ein Hain und Altar der Diana,
Oder ein Bach, der behend durch lachende Fluren sich schlängelt,
Oder der wogende Rhein und der Iris Bogen geschildert:
Aber es war hier nicht an dem Platz! Du verstehst es Cypressen
Täuschend zu malen: was hilfts, wenn verzweifelten Muts dem zerschellten 20
Schiffe sich einer entringt, der Besteller des Bilds? Eine Vase
War im Werke: warum wird unter der Hand dir ein Topf draus?
Kurz, ein jegliches Werk sei stets in sich gleich und ein Ganzes!

Meist, mein Piso und ihr, des Vaters würdige Söhne,
Werden wir Dichter verführt vom Scheine des Rechten. Nach Kürze 25
Streb ich und werde drob dunkel; bemüh mich um Glätte, dahin ist
Kraft und Feuer; es wird zum Schwulst die erhabene Sprache,
Während in Prosa verfällt, wer allzubedächtig den Flug scheut:
Wer einheitlichem Stoff den Reiz überraschenden Wechsels

30 Leihn will, malt den Delphin in den Wald, ins Wasser den Eber: —
Ohne die Leitung der Kunst führt Scheu vor Fehlern zu Fehlern.
Dort der Gussarbeiter zunächst der ämilischen Schule,
Meisterlich bildet er Nägel und wallende Locken in Erz nach,
Trotzdem bleibt er ein Stümper: er weiss nichts Ganzes zu schaffen.
35 Ich für meine Person, nie möcht ich als Dichter ihm gleichen,
Ebensowenig als etwa so recht zur Schau für die Leute
Schwarz von Augen und Haar mit misstalteter Nase herumgehn.
Wählt einen Stoff, ihr Dichter, der euern Kräften gemäss ist,
Prüft erst lang und genau, was die Schultern zu tragen vermögen,
40 Was sie verweigern: nur dem, der seiner Materie Herr ist,
Fehlt es am Ausdruck nicht, nicht an durchsichtiger Ordnung.
Wesen und Reiz der Ordnung besteht wohl, irr ich nicht, darin,
Dass was sofort zu sagen sofort sagt, manches dagegen
Aufspart, jetzt noch verschweigt, con amore das eine behandelt,
45 Anderes ganz übergeht ein Grosses verheissender Dichter.
Auch in der Wahl der Worte verfahre man fein und behutsam.
Meister des Ausdrucks ist wer durch geniale Verbindung
Übliche Wörter erhebt zu neuer Bedeutung. Doch wenn du
Nötig ein Neuwort hast zur Bezeichnung neuer Begriffe,
50 Bilde, du kannst es, ein Wort, das Cethegus' Zeit, des geschürzten,
Nimmer vernahm: man gewährt dir die Freiheit, brauchst du sie massvoll.
Anklang finden auch neue und neulich gebildete Wörter,
Die nur wenig verändert aus griechischer Quelle geschöpft sind.
Oder es sollte wohl Rom dem Virgil und dem Varius weigern,
55 Was es dem Plautus erlaubt, dem Cäcilius? mir es missgönnen,
Kann ich ein Scherflein bieten, da Cato's und Ennius' Mund einst
Reicher die Muttersprache gemacht, für Neues auch neue
Namen geschaffen? Fürwahr, stets war es und wird es erlaubt sein,
Wörter in Kurs zu bringen geprägt mit dem neuesten Stempel.
60 Wie die Blätter im Wald sich wandeln im Laufe der flüchtgen
Jahre, die ältesten fallen, so schwindet dahin ein veraltet

29 f. qui variare cupit rem prodigialiter unam,
     delphinum silvis appingit, fluctibus aprum.
32   unus
45   nach der überlieferten Ordnung
59   producere

Wörtergeschlecht und ein neues erblüht im Schmucke der Jugend.
Wir und das Unsre, dem Tode gehören wir, ob von dem Lande
Fest umdämmt Neptun vor Stürmen bewahre die Flotte,
Traun ein königlich Werk, ob ein Sumpf, einst wüst und berudert, 65
Fühle den lastenden Pflug und die Nachbarstädte versorge,
Oder ein Strom den Lauf den saatenverderblichen ändre,
Besseren Weges belehrt: der Sterblichen Werke vergehen,
Wie denn sollte bestehen die Gunst und Geltung der Wörter?
Manches verschollene Wort wird wiedererstehen und manches, 70
Das jetzt Ehre geniesst, muss fallen, sobald der Gebrauch will,
Er der alleinige Herr und Gebieter und Richter der Sprache.
　Was für ein Metrum das beste, wenn Thaten der Fürsten und Feldherrn,
Blutige Kriege der Stoff des Gesangs sind, zeigte Homerus.
In dem Distichon liess sich zuerst nur Klage vernehmen, 75
Dann auch der Dank der gelobte für frommen Gebetes Erhörung.
Wer indes der Erfinder des kleinen elegischen Verses,
Das ist ein Streit der Gelehrten und noch schwebt dessen Entscheidung.
Einem Archilochus schuf der Zorn den geharnischten Jambus;
Ihn nahm später als Vers die Tragödie an und das Lustspiel, 80
Weil er zum Wechselgespräch vortrefflich sich eignet, des Volkes
Tosenden Lärm übertönt und zur Handlung ganz wie gemacht ist.
Aber der Lyra verlieh die Muse die Götter und ihre
Söhne, den Faustkampfsieger, das Ross, das zuerst an das Ziel kam,
Liebender Jünglinge Pein und die Freuden des Weines zu singen. 85
　Kann und versteh ich es nicht, den Charakter, den Ton, wie er jeder
Dichtung eigen, zu treffen, was lass ich Dichter mich schelten?
Bleib Ignorant aus Scham, aus falscher, anstatt noch zu lernen?
　Tragischer Dichtung Ton verträgt ein komischer Stoff nicht,
Ebensowenig als je die gemeinalltägliche Sprache, 90
Die zur Komödie passt, das Mahl des Thyestes vertrüge:
Jegliche Dichtart hat den geeigneten Ton zu bewahren.
Doch zuweilen erhebt sich der Ton der Komödie höher,
Und es eifert ein Chremes im Zorn in pathetischer Sprache,
Während der tragische Held oft klagt in Worten der Prosa, 95
Wie denn arm und verbannt ein Telephus oder ein Peleus
Von sich werfen den Prunk und Schwulst bombastischer Worte,
Soll ihr Jammern das Herz des Publikums stimmen zum Mitleid.

Nicht bloss schön sein sollen Gedichte, sie sollen auch rühren,
100 Sollen, wohin sie nur wollen, die Seele des Hörenden führen.
Wie man mit Lachenden lacht, so weint man mit Weinenden; darum,
Willst du in Thränen mich sehn, so zeige zuvörderst dich selber
Innig ergriffen von Schmerz: erst dann, o Telephus, Peleus,
Wird dein Leid mich rühren; doch sprecht ihr frostige Worte,
105 Lach ich oder ich gähne vor Langweil. Traurigem Antlitz
Ziemt auch ein trauriges Wort, dem zornigen drohende Sprache,
Lustiger Scherz dem heitern, dem ernsten gemessenes Reden.
Denn es erweckt die Natur zuvor im Innern die Stimmung,
Welche der Lage entspricht: sie regt zur Freude, zum Zorn auf,
110 Oder sie ängstet und drückt durch lastenden Kummer zu Boden;
Dann erst bringt die Zunge das, was wir empfinden, zum Ausdruck.
Steht das Gesprochene nicht mit der Lage des Sprechers in Einklang,
Dann wird Ritter und Volk ein schallend Gelächter erheben.
115 Viel auch kommt darauf an, ob ein Gott spricht oder ein Heros,
Ob ein besonnener Greis, ob ein jäh aufbrausender Jüngling,
Ob die gebietende Frau, ob die nimmerverdrossene Kindsmagd,
Ob es ein Kaufherr ist, der die Welt sah, oder ein Bauer,
Ob ein Assyrier, Kolcher, ob einer von Thebe, von Argos.
Folge der Sage; wo nicht, schaff selbst ein harmonisches Ganzes.
120 Stellst aufs neue du dar den gefeierten Helden Achilles,
Feurig sei er und zornigen Sinns, unerbittlich und heftig,
Recht und Gesetz missacht er, das Schwert nur erkenn er als Richter.
Starr und trotzig erscheine Medea, Ino in Thränen,
Tückisch Ixion, Io verwirrt, schwermütig Orestes.
125 Wagst du es aber und wählst frischweg einen Originalstoff,
Schaffst eine neue Person, so soll sie das Wesen bewahren,
Das sie von Anfang trug, und bis an das Ende sich gleich sein.
Schwer ists Fleisch und Blut den Gedankenbildern zu geben,
Leichter fürwahr wirst du eine Ilias dramatisieren,
130 Als ganz neue noch nie von einem behandelte Stoffe.
Aber auch Altes, Bekanntes verwandelt ein Dichter in sein Gut,
Wenn er sich nicht im gemeinen, gewohnten Geleise herumtreibt,

---

114 divusne
116 potens

Nicht bloss Wort für Wort übersetzt mit peinlicher Treue,
Noch nachahmend so sehr sich beengt, dass freie Bewegung
Scheu so sehr als der Plan des Originals ihm verbietet.
Fang auch nimmer so an wie einst ein cyklischer Dichter:
‚Priamos' Los werd ich und den Krieg den berühmten besingen.'
Was er wohl bringt, der Mann, der den Mund so gewaltiglich aufreisst?
Kreissend bewegt sich ein Berg und gebiert ein winziges Mäuslein.
Wie viel richtiger er, der niemals wider den Takt fehlt:
‚Singe mir, Muse, den Mann, der Sitten und Städte so vieler
Menschen gesehn, nachdem die heilige Troja gefallen.'
Nicht aus dem Feuer den Rauch, nein, aus dem Rauche das Feuer
Lässt er entstehn und entrollt uns sofort grossartige Wunder,
Wie die Charybdis, die Scylla, Antiphates und den Cyklopen,
Fängt Diomed's Heimkehr nicht an mit dem Tod Meleager's
Noch den trojanischen Krieg mit dem Zwillingseie der Leda:
Immer dem Ausgang eilet er zu, in die Mitte der Handlung
Reisst er den Leser hinein als wie in bekannte Gebiete,
Lässt bei Seite, was sich nicht eignet zu glänzender Zeichnung,
Und weiss so zu dichten und Dichtung zu mischen mit Wahrheit,
Dass so Beginn und Mitte wie Mitte und Schluss übereinstimmt.
   Lass dir nun sagen, was ich und mit mir das Publikum fordert,
Willst du begeisterte Hörer, die sitzen bleiben und warten,
Bis sich der Vorhang hebt und zum Schluss sein ‚Klatscht!' der Flötist ruft.
   Achte vor allem genau auf jeglichen Alters Charakter,
Zeichn' ihn so, wie er selbst mit den wandelnden Jahren sich wandelt.
Ist der Knabe im Stand sich verständlich zu machen und sichern
Fusses zu gehn, dann verlangt er mit seinesgleichen zu spielen,
Zürnt so leicht als er leicht sich versöhnt, ist stündlich ein andrer.
Aber der Jüngling, der endlich erlöst vom lästigen Schulzwang,
Reitet und jagt und spielt auf den sonnigen Matten des Marsfelds,
Weich wie Wachs für Verführer und gegen Ermahnungen störrig,
Immer zuletzt auf den Nutzen bedacht, mit dem Golde verschwenderisch,
Obenhinaus und begehrlich und rasch mit den Neigungen wechselnd.
Anders der Mann: an Jahren gereift und reiferen Geistes
Strebt er nach sicherm Besitz, nach Verbindungen, huldigt dem Ehrgeiz,

---

157 naturis

— 10 —

Hütet sich etwas zu thun, was er nachher wünschte zu ändern.
Manche Beschwerden umdrängen den Greis: er sammelt und gleichwohl
170 Wagt er, der arme, es nicht das, was er erwarb, zu geniessen;
Was er auch immer beginnt, er betreibt es kalt und verdrossen,
Zögert immer und hofft, thut nichts und stiert in die Zukunft,
Krittlich und mürrisch lobpreist er allein die vergangenen Zeiten,
Da er jung noch war, und meistert und richtet die Jugend.
175 Viel Annehmliches bringt das aufwärtssteigende Leben,
Abwärtsgehend entführt es uns viel: drum gib eines Greises
Rolle dem Jünglinge nicht, dem Kind nicht die eines Mannes;
Halte dich stets an das, was jeglichem Alter gemäss ist!
Weiter die Handlung: die geht teils vor, teils wird sie berichtet.
180 Was durchs Ohr zu dem Herzen gelangt, macht schwächeren Eindruck,
Als was dem Auge dem treuen sich zeigt, was der Schauende selber
Unmittelbar aufnimmt. Doch bring was hinter der Scene
Besser geschieht ja nicht auf die Bretter: entzieh es dem Anblick,
Lass es lebendig und wahr einen Augenzeugen erzählen!
185 Nicht vor dem Publikum darf Medea die Kinder ermorden,
Menschliches Fleisch vor ihm nicht kochen der grässliche Atreus,
Prokne sich nicht zum Vogel noch Kadmos zum Drachen verwandeln:
Solcherlei Scenen erscheinen unglaublich und wecken nur Abscheu.
Fünf Aufzüge, nicht mehr nicht weniger, habe ein Schauspiel,
190 Willst du, dass es verlangt und mehr als einmal gespielt wird.
Nimmer erscheine ein Gott, wenn nicht die Verwicklung es dringend
Heischt. Auch mische sich nie eine vierte Person ins Gespräch ein.
Anteil nehme der Chor an der Handlung und walte des Amtes,
Das ihm gebührt, und lass es, inmitten der Akte zu singen,
195 Was zu dem Stück nicht passt und nicht an die Handlung sich anschliesst;
Stehe den Guten zur Seite, ein freundlicher treuer Berater,
Lenke die Zornentbrannten und stimme die Fürchtenden ruhig,
Lob' ein bescheidenes Mahl und preise den Segen der Ordnung,
Recht und Gesetz und Frieden gepflegt bei offenen Thoren;
200 Anvertrautes bewahr er bei sich und bitte die Götter,
Dass von dem Stolzen hinweg sich das Glück zu dem Leidenden wende.

172 avidusque
197 pacare timentes

Nicht wie jetzt von Metall, nicht einer Trompete vergleichbar,
Nein sanfttönend und schlicht und mit wenigen Löchern versehen
Diente die Flöte dazu den Gesang des Chors zu begleiten,
Und wohl füllte ihr Klang das mässig besetzte Theater, 205
Wo noch ein Volk ein kleines in zählbarer Menge sich einfand,
Nüchternen Sinns und frommen Gemüts und bescheidener Sitte.
Aber sobald man begann durch Siege das Land zu erweitern,
Umfangreichere Mauern die Stadt umschlossen, an Festen
Schon am Tag, am hellen, das Zechen und Schwelgen erlaubt war, 210
Da nahm auch die Musik allmählich sich grössere Freiheit.
Rohes und müssiges Volk vom Land in der Städter Gesellschaft,
Hoch und Nieder beisammen — wie konnte da reiner Geschmack sein?
So trat Hast und Prunk an die Stelle der früheren Einfalt,
Und der Flötist, er schritt im Schleppkleid über die Bühne; 215
Lauter erklang nun auch die Saite der ernsteren Lyra,
Kühner erhob sich die Sprache zu aussergewöhnlicher Neuheit,
Reich an weisheitsvollen, orakelhaften Sentenzen
Glichen die Lieder des Chors den Sprüchen des delphischen Gottes.
Der im tragischen Liede gekämpft um ein ärmliches Böcklein 220
Brachte nun auch auf die Bühne die nackenden ländlichen Satyrn,
Ohne der Würde zu schaden versucht' er derbere Spässe:
Lag doch im Neuen allein noch ein spannender Reiz für die Menge,
Wann sie vom Opfer berauscht und ausgelassen zurückkam.
Aber nur dann empfiehlt sich der spassende spottende Satyr, 225
Dann nur ist es erlaubt in Scherz den Ernst zu verkehren,
Wenn der Heros, der Gott, der die Bühne betritt und der eben
Noch im Purpurgewand und im goldenen Schmucke sich sehn liess,
Nicht zu der schmutzigen Sprache gemeiner Spelunken herabsteigt
Oder aus Scheu vor dem Schmutz sich verliert in ätherische Höhen. 230
Lockres Gerede verbeut die Würde des tragischen Helden:
Gleich der ehrsamen Frau, die zum Tanz nur ein heiliges Fest zwingt,
Wagt er sich etwas verschämt in der Satyrn lose Gesellschaft.
Schrieb' ich ein Satyrstück, dann würd ich, Pisonen, mit nichte
Immer nur schmucklos schlichte, alltägliche Worte nur wählen, 235
Würde mich nimmer soweit entfernen vom tragischen Tone,
Dass es unmerkbar wär, ob ein Davus spricht, eine freche
Pythias, die ein Talent dem Herrn, dem betrogenen, abjagt,

Oder Silenus, der Hüter und Diener des göttlichen Zöglings.
240 Aus dem Sprachschatz nur, dem geläufigen, bildet' ich Verse,
So dass jeder vermeinte das Gleiche zu können, doch fruchtlos,
Wenn er es wagte, sich quälte: so viel wirkt richtge Verknüpfung,
So sehr lässt sich die Sprache des täglichen Lebens veredeln.
Söhne des Walds, auf die Bühne gebracht, die sollten sich hüten,
245 Seis wie die Hefe des Volks seis fast wie die Stutzer des Forums
Allzugeziert und fein in süsslichen Phrasen zu ländeln
Oder gemein zu schimpfen und schmutzige Zoten zu reissen:
Daran stösst sich ein Mann, der Ross und Ahnen und Geld hat;
Einem der Erbsen, der Nüsse sich kauft, dem mag es gefallen,
250 Jener erträgt es nicht und erkennt ihm nimmer den Kranz zu.

Kurz-lang ist wie bekannt der Fuss, der Jambus genannt wird,
Ein gar hurtiger Fuss, daher er dem jambischen Vers auch
Rascheres Tempo verlieh, als nichts als Jamben vom ersten
Fuss bis zum letzten sich folgten: der Dreitakt wurde zum Sechstakt.
255 Jüngst erst gab er, um steter, gewichtger zum Ohre zu dringen,
Willig ihr Recht, ihr altes, zurück den schweren Spondeen,
Doch nicht so dass er allzugalant auch die zweite und vierte
Stelle verliess. Allein als solcher erscheint er nur selten
In den gepriesnen Senaren des Attius; Ennius' Verse
260 Vollends plump und schwer hinpolternd über die Bühne
Zeiht er des Mangels an Fleiss und allzuflüchtiger Arbeit
Oder der Ignoranz, gleich schmachvoll eins wie das andre.
Zwar nicht jeglicher Kritiker merkt das Fehlen des Rhythmus,
Und Roms Dichtern gewährte man eine beschimpfende Nachsicht.
265 Lass ich darum mich gehn und entbinde mich jeglicher Kunstnorm?
Oder ich weiss, man sieht die Fehler, und nehm mich in Acht, doch
Nur soweit, als sie keiner verzeiht? Dann meid ich den Tadel,
Lob hab ich keines verdient. Nein, Freunde, die griechischen Muster
Nehmet zur Hand und studiert, ja studiert bei Tag und bei Nacht sie!
270 ‚Aber die würdigen Väter‘ so sagt man ‚haben des Plautus
Rhythmen und Witze gerühmt‘ — ja beides nur allzugeduldig,
Um nicht albern zu sagen, bewundert, oder ich wüsste

253 momen Ribbeck
270 nostri

Nimmer mit euch vom bäurischen Witz den feinen zu scheiden,
Nimmer den richtigen Klang mit Ohr und Finger zu prüfen.
Thespis gilt als Erfinder der tragischen Gattung, die vorher   275
Keiner gekannt; er fuhr auf Karren umher mit den Stücken,
Welche man sang und spielte mit hefebestrichnen Gesichtern.
Nach ihm kam der Erfinder des schmucken Talars und der Maske,
Aeschylus, schlug das Theater auf mässigem Brettergerüst auf,
Lehrte den Schwung hochtönenden Worts und den Gang des Kothurnes. 280
Nunmehr folgte die alte Komödie, erntet' auch reichlich
Lob, doch artete aus in verletzendes Wesen der Freimut,
Dass ein Gesetz not that: das Gesetz, es erschien, und verstummt ist
Schimpflich der Chor, da ihm das Recht zu verletzen versagt war.
Nichts ward ohne Versuch von unseren Dichtern gelassen,   285
Und nicht ists ihr geringstes Verdienst, dass sie wagten der Griechen
Spur zu verlassen, den Stoff im eigenen Volke zu holen,
Ob sie im Lustspiel sich, ob im Trauerspiele versuchten.
Latium, das durch Mut und siegende Waffen so gross ist,
Strahlte gewiss nicht minder durch Werke des Genius, wenn nicht   290
Zeitaufwand und Mühe des Feilens scheuten die Dichter.
Drum, pompilische Söhne, verwerft jedwedes Gedicht, das
Länge der Zeit und strenge Kritik nicht besser gemacht, nicht
Zehnmal fertig gestellt zehnmal bis aufs Jota gefeilt hat.
Weil Demokrit das Genie hoch über die ärmliche Kunst stellt   295
Und die Poeten, die noch bei Verstand, vom Helikon ausschliesst,
Lässt ein erklecklicher Teil so Bart als Nägel sich wachsen,
Treibt an einsamen Orten sich um und meidet die Bäder.
Denn den Namen und Rang eines Dichters erlangt er unfehlbar,
Wenn er den Kopf, den drei Anticyra nimmer kurieren,   300
Nie eines Licinus Schere vertraut. O über mich Narren,
Dass ich zur Frühlingszeit alljährlich den Leib mir purgiere!
Nein, einen Dichter wie mich gäbs keinen! Indessen — was liegt mir
Weiter daran! So will ich des Schleifsteins Stelle vertreten,
Der nicht fähig zu schneiden dem Stahl doch Schärfe verleihet: 305
Selbst nicht dichtend entwickl' ich Beruf und Pflichten des Dichters,
Zeige, woher er Gedanken sich holt, was ihn fördert und bildet,

---

294 perfectum

Was sich geziemt, was nicht, wie Meister und Stümper sich scheidet.
Richtigen Dichtens Grund und Quell ist richtiges Wissen.
310 Reichen Gedankengehalt kann Sokrates' Schule dir bieten:
Hast du Gedanken nur erst, die Worte, die folgen von selber.
Wer da weiss was er schuldet dem Heimatlande, den Freunden,
Welcherlei Liebe dem Vater gebührt, dem Bruder, dem Gastfreund,
Was des Senators Pflicht, was das Amt eines Richters erfordert,
315 Oder des Feldherrn, der in den Krieg zieht, sicherlich legt der
Jeder Person in den Mund was ihrem Charakter gemäss ist.
Hin auf das Urbild schau, hier hole den treffenden Ausdruck,
Willst du das Leben uns zeigen im Lichte der ewigen Wahrheit!
Stücke mit schönen Sentenzen und sittlichem Kerne, die haben,
320 Wenn es an Grazie auch und an Schwung und dem nötigen Schliff fehlt,
Oft mehr Reiz für das Volk und fesseln es stärker als Verse,
Die ganz ohne Gehalt nichts sind als ein leeres Geklingel.
Geist und Zauber der Sprache verlieh die Muse den Griechen,
Ihnen die nur nach Ruhm und sonst nichts anderem geizten.
325 Aber den römischen Knaben belehrt man in langen Exempeln,
Wie man in hundert Teile das As teilt. ,Sohn des Albinus,
Steh mir Rede! Du hast fünf Zwölftel und nimmst davon eines —
Sage: was bleibt dir alsdann? Du weisst es!" „Ein Drittel." ,Vortrefflich!
Hältst mir einmal brav haus. Ein Zwölftel hinzu — was ergibt sich?'
330 „Netto ein Halb." Ja, hat sich einmal solch schnöde Gewinnsucht
Fressend wie Rost um die Seele gelegt, wer hofft noch Gedichte
Wert mit Öle besprengt in cypressenem Schranke zu ruhen?
Dreierlei wollen die Dichter, erheitern oder belehren
Oder in einem Ergötzung sowohl als Nutzen gewähren.
335 Wo du belehrst, sei kurz, damit die empfängliche Seele
Rasch das Gesagte erfasse und treu im Innern bewahre:
Alles, was über das Mass, läuft ab vom vollen Gefässe.
Was du erdichtest zur Lust sei möglichst nahe der Wahrheit;
Nimmer verlange das Stück ihm alles und jedes zu glauben,
340 Ziehe das Kind, das verspeiste, nicht lebend aus Lamia's Leibe.
Älteren Lesern missfällt was unfruchtbar für das Leben,
Vornehm geht an dem ernsten Gedicht der Junker vorüber:
Beifall aller gewinnt, wer das Nützliche mischt mit dem Schönen,
Wer Unterhaltung dem Leser gewährt und mit ihr Belehrung.

Solch ein Buch trägt Geld dem Verleger ein, über das Meer hin 345
Zieht es und meldet der Welt noch lange den Namen des Autors.
‚Aber es gibt doch Versehn, für die wir Verzeihung begehren;
Denn auch die Saite, sie gibt nicht immer den Ton, den man anschlägt,
Gibt einen tieferen oft für den höheren, den man verlangte,
Und nicht immer erreicht das Ziel, das erstrebte, der Bogen.' 350
Wohl! Überwiegt nur das Gute, an einzelnen kleineren Flecken
Stoss ich mich nicht, die zum Teil des Dichters mangelnde Sorgfalt,
Menschliche Schwäche zum Teil entstehn liess. ‚Also was willst du?'
Wie ein Kopist nicht Gnade verdient, wenn er immer im gleichen
Wort sich verschreibt, obschon er gewarnt, wie es Lachen erregt, wenn 355
Ein Musikant allfort fehlgreift auf der nämlichen Saite,
Ebenso ist mir ein Dichter, der oft sich versündigt, ein zweiter
Chörilus: find ich ein paarmal ihn gut, so lach ich verwundert.
Bin ich nun auch entrüstet, wenn Meister Homer einmal einnickt?
Ein so gewaltiges Werk, das darf wohl ein Schläfchen beschleichen! 360
‚Dichtungen sind wie Gemälde: das eine derselben gewinnt mehr
Wirds in der Nähe besehn, von der Ferne betrachtet das andre;
Dieses verlangt mehr Dunkel, im Licht will jenes beschaut sein,
Weil es zu scheun nicht braucht des Kritikers scharfe Betrachtung;
Dieses gefällt bloss einmal, das andere zehnmal gesehen.' 365
Piso's älterer Sohn, zwar steht dir zur Seite des Vaters
Leitender Rat, zwar bist du von selbst schon verständig, doch präge
Tief dies Wort dir ins Herz: in manchen Gebieten erlaubt man
Halb und erträglich zu sein: — ein Rechtsgelehrter, ein Anwalt,
Ist er auch mittleren Schlags und fehlt ihm auch eines Messalla 370
Redetalent und das Wissen des grossen Cascellius Aulus,
Dennoch wird er geschätzt: — doch mittelmässigen Dichtern,
Denen verzeiht kein Mensch, kein Gott, kein — Bücherverkäufer.
Wie bei den Freuden des Mahls eine schlechte Musik, ein gestandnes
Ranziges Öl und Mohn mit sardischem Honig beleidigt, 375
Kann ja das Mahl recht wohl auch ohne dergleichen bestehen:
Also sinkt Poesie, die zur Wonne der Herzen geborne,
Jäh in die Tiefe, sobald auf der Höhe zu stehn sie verzichtet.

---

358 f. et idem — Homerus?
360 operi longo

Wer nicht fechten gelernt, entsagt den Geräten des Marsfelds,
380 Wer nicht kundig des Balls, der Scheibe, des Reifes, der lässt sie,
Dass das gaffende Volk umher nicht laut ihn verlache:
Dichten, das wagt ein jeder, auch wers nicht kann! Und warum nicht?
Ist er doch frei, von Adel, besitzt das volle Vermögen,
Dessen ein Ritter bedarf, ist nie einer Strafe verfallen!
385 Du wirst nie etwas thun, wozu dir der innre Beruf fehlt,
Dafür bürgt dein Takt und Verstand; doch willst du in Zukunft
Dichten, vertrau es zuvor eines Mäcius prüfendem Ohre
Oder dem Vater und mir, neun Jahr lang lass es zu Hause
Liegen und feile daran; denn was du noch nicht in die Welt gabst,
390 Kannst du vernichten, doch nie kehrt mehr ein entlassenes Wort um.

Wälderbewohnende Wilde — der Himmlischen heiliger Herold
Orpheus zwang sie von Mord und von tierischem Leben zu lassen:
Darum heisst er ein Zähmer von Tigern und grimmigen Löwen.
Und so heissts von Amphion, dem Gründer der thebischen Mauern,
395 Dass er die Steine bewegt mit dem Klange der Leier und schmeichelnd
Lenkte, wohin ihm gefiel. Das war einst Sache der Weisheit:
Öffentlich Gut vom eignen, vom Weltlichen Heiliges scheiden,
Wüste Begierden beschränken, des Ehbunds Rechte bestimmen,
Städte erbaun und Gesetze verzeichnen auf hölzernen Tafeln.
400 So ward Ehre und Ruhm den gottbegeisterten Sängern
Und dem Gesange zu teil. Drauf blühte der Meister Homerus,
Eines Tyrtäus Lied entflammte zu Kriegen und Kämpfen
Männliche Herzen, in Versen ertönte der Spruch der Orakel,
Wurde der Weg für das Leben gezeigt, mit pierischen Weisen
405 Warb man um fürstliche Gunst, es entstand das dramatische Festspiel,
Schwieriger Arbeit Schluss: — o dass dir nimmer zur Schande
Werde der Dienst Apolls und der lyrakundigen Muse!

Ist ein gutes Gedicht — so fragt man — Werk des Talentes
Oder der Kunst? Ich glaube, dass ohne poetische Ader
410 Fleiss so wenig vermag als Begabung ohne die Schule:
Eines bedarf des andern, sie stehn in freundlichem Bunde.
Wer da strebt in der Bahn ans Ziel, das ersehnte, zu kommen,
Leidet und thut als Knabe schon viel, trägt Hitze wie Kälte,
Meidet so Weib als Wein; wer am Fest des Apollo die Flöte
415 Spielt, hat früh sich geübt und des Meisters Strenge gefürchtet: —

Reicht es nun hin zu sagen: ‚ich mache die herrlichsten Verse!
Hole den letzten die Pest! ein Schimpf wärs, wenn ich dahinten
Blieb" — und gestünde: ich kann das nicht, was ich nimmer erlernte?
Wie ein Auktioneur, der das Volk zum Kauf um sich sammelt,
So lockt Schmeichler herbei, ihr Schnittchen zu machen, ein Dichter 420
An Kapitalien reich und reich an liegenden Gütern.
Ists gar einer, der gern regaliert, für lumpiges Volk, das
Keinen Kredit hat, bürgt, aus fatalen Prozessen herausreisst,
Wahrlich, ein Wunder wärs, wenn ein solcher berauscht von dem Lobe
Noch zu scheiden vermöchte den wirklichen Freund und den falschen. 425
Hast du einen beschenkt und willst du einen beschenken,
Zeig dem deine Gedichte ja nicht, solang ihn die erste
Freude beherrscht, sonst ruft er gewiss: schön! herrlich! vortrefflich!
Wird jetzt bleich und vergiesst teilnehmend Thränen der Rührung,
Springt jetzt auf vor Entzücken und stampft mit dem Fusse den Boden. 430
Gleichwie Leute, die man bei Leichen zur Klage gedungen,
Oft noch kläglicher thun als die wirklich von Herzen betrübten,
Also macht auch der Schalk mehr Wesens als wer dich im Ernst lobt.
Könige setzen, so heissts, oft zu mit gewaltigen Humpen,
Bräuchen den Wein als Folter, wenn sie zu ergründen bemüht sind, 435
Ob wer ihres Vertrauns wohl wert sei: machst du Gedichte,
Sei auf der Hut und acht auf das Schalksherz unter dem Fuchsbalg!
    Las dem Quintilius einer ein Werk vor, sprach er: ‚mein Lieber,
Ändre dies und das!' und wenn du nun meintest: 'ich kann nicht,
Habs zwei-, dreimal vergeblich versucht!' so hiess er es streichen, 440
Hiess die missratenen Verse aufs neue vertrauen dem Amboss.
Wolltest du aber den Fehler, anstatt ihn zu tilgen, verteidgen,
Kein Wort weiter verlor er alsdann und sparte die Mühe,
Liess dich allein in dich und deine Produkte verliebt sein.
Wers gut meint und versteht, missbilligt Verse, die matt sind, 445
Tadelt zu harte und streicht als warnendes zeichen das schwarz an,
Was zu gewöhnlich, zu platt; die allzuüppigen Ranken
Schneidet er weg und verlangt mehr Licht, wenn etwas noch dunkel,
Rügt zweideutige Worte und sagt wo noch Änderung not thut,
Ein Aristarch, denkt nicht: ‚um solcher Lappalien willen 450

420 ‚ihr Schnittchen zu machen' Teuffel

Sollt ich kränken den Freund?' Ja, solche ‚Lappalien' werden
Bitterer Ernst, wenn einmal das Publikum spottend dich auszischt!
Wie dem Leidenden, den die Krätze befallen, die Gelbsucht,
Den der Diana Zorn in Irrsinn stürzte, so geht auch
455 Einem verrückten Poeten wer klug ist scheu aus dem Wege,
Während die Jugend ihn neckt und unvorsichtig ihm nachzieht.
Wenn er, den Kopf gen Himmel, herumstreicht, Verse herausstösst,
Und nun, gleich einem Vogler, der nur nach Amseln den Blick lenkt,
Stracks in ein Loch, einen Brunnen hineinplumpt, mag er auch schreien:
460 ‚Auf, ihr Leute, zu Hilf!' — kein Mensch wird hoffentlich kommen.
Läuft einer dennoch herbei und wirft ihm ein rettendes Seil zu,
Frag ich ihn: ‚weisst du denn auch, ob er nicht mit Fleiss da hineinfiel,
Rettung sich gar nicht wünscht?' und erzähle dabei des sicilschen
Dichters Tod: ‚um als Gott, als unsterbliches Wesen zu gelten,
465 Sprang Empedokles kalt hinein in den glühenden Ätna.'
Lasst doch den Dichtern das Recht sich selber das Leben zu nehmen!
Den, der Rettung verschmäht, zu retten ist gradezu Totschlag.
Oft schon macht' er es so, und holst du ihn wieder, er wird doch
Nimmer ein Mensch, ruht nicht: er will mit Eclat aus der Welt gehn!
470 Auch weiss keiner so recht, warum er Verse verfertigt:
Hat er des Vaters Asche befleckt? eine heilige Stätte
Frevelnden Mutes entweiht? Soviel steht fest: er ist rasend,
Und wie ein Bär, der die Gitter des Käfigs durchbrochen, so scheucht er
Kenner und Laien daher, ein grimmiger Verseverleser.
475 Weh dem, den er gepackt: ihn hält er und liest er zu Tode,
Lässt nicht ab von der Haut, bis er voll sich gesogen, der Egel!

469 oder: ‚er will einen Tod, der Effekt macht'

Erläuterungen

Erster Teil

V. 1—152

Allgemeine Gesetze der Poetik

Jede Dichtung, die den Anspruch macht ein Kunstwerk zu sein, sei ein einheitliches, in sich selbst übereinstimmendes Ganzes nach Stoff und Form (V. 1—37)!

Um die Wahrheit dieses Satzes zu veranschaulichen, geht Horaz vom Gegenteil aus und stellt in einem aus heterogenen Bestandteilen zusammengesetzten Gemälde, in welchem das V. 23 formulierte Grundgesetz organischer Einheit aufs gröbste verletzt ist, die bildliche Karikatur eines in ähnlicher Weise inkongruenten Dichterwerks vor Augen. Bei aller Freiheit, die dem Dichter gestattet wird, ist derselbe an gewisse Gesetze gebunden. Das oberste Gesetz ist das der Einheit. Vor allem der Einheit des Stoffs. Diese wird zerstört, wenn das Gedicht aus äusserlich aneinander gereihten Teilen besteht, welche nicht zusammengehören und der Idee des Gedichts fremd sind, mögen sie auch an sich schön und tadellos dargestellt sein. Durch Aufnahme solcher nicht hergehöriger Elemente wird das Gedicht unter der Hand etwas ganz anderes, als vom Dichter beabsichtigt war: das Kunstwerk wird zur Karikatur (V. 1—23).

3 *undique collatis membris* nicht Dativ, sondern abl. abs. (Komma nach *plumas*). Wären die Worte Dativ und damit Objekt zu *varias inducere plumas*, so müsste alles mit Federn bekleidet gedacht werden, eine Vorstellung, die durch das *humanum caput*, die *cervix equina*, den *turpiter ater piscis* ausgeschlossen wird: ein befiederter Kopf ist kein Menschenkopf mehr u. s. f. Es bleibt also nur das zwischen dem Pferdehals und dem die untern Gliedmassen vertretenden Fischschwanz in der Mitte Liegende übrig d. h. der Leib im engern Sinne. Dieser wird durch „*varias plumas*" — eines weitern Objekts bedarf *inducere* nicht — als Vogelleib bezeichnet; denn *pluma* ist die den Leib des Vogels bedeckende Flaumfeder, im Unterschied von *penna*, der Flügelfeder. Also: Frauenkopf, Pferdehals, Vogelleib, Fischschwanz. Die Worte *turpiter atrum* gehören zusammen und bilden den Gegensatz zu *formosa*, wie *desinat* zu *superne*.

Der Grund, warum dieses oberste Kunstgesetz organischer Einheit so oft verletzt wird, liegt darin, dass man eine an sich berechtigte Richtung übertreibt. Wie einseitiges Streben nach Kürze, Glätte u. s. w. (V. 25—28 parataktisch ausgedrückte Beispiele zur Erläuterung des V. 29 f. enthaltenen Hauptgedankens) zu dieser oder jener ästhetischen Verirrung führt, so führt auch die Übertreibung in dem an und für sich berechtigten Streben nach Abwechslung — die Scheu vor Einförmigkeit — dadurch dass man Heterogenes mischt zu dem obengerügten Fehler des Mangels an Einheit. Hiegegen schützt nur Kenntnis der Kunst (V. 24—31).

29 *prodigialiter* — in diesem Worte liegt an und für sich kein Tadel (s. Döderlein und Ribbeck): der etwas starke Ausdruck erklärt sich aus der Neigung des Römers zu hyperbolischer Ausdrucksweise (man denke nur an Virgil und seine Lieblingsepitheta *„ingens"* und *„immanis"*, die er z. B. Aen. VI 417 ff. in zehn unmittelbar auf einander folgenden Versen nicht weniger als fünfmal bringt) und mag der Umgangssprache angehört haben, die solche Kraftwörter liebt (vgl. unser „gottvoll" für „schön", oder statt des einfachen „gross" in anmutiger Steigerung die Ausdrücke „riesig, pyramidal, gletscherhaft" u. dgl.).

Mit der Einheit des Stoffs muss sich die Einheit der Form verbinden d. h. gleichmässig vollendete Ausführung aller das Ganze bildenden Teile; virtuose Darstellung dieses oder jenes einzelnen Teils genügt nicht (V. 32—37).

Horaz erläutert dies durch das Beispiel eines Erzgiessers, der zwar einzelne Teile trefflich zu bilden versteht, aber kein Ganzes herzustellen weiss. In diesem Gleichnis ist bloss von der formellen Darstellung die Rede: nur in dieser fehlt die Einheit, die Teile selbst sind homogen, während in dem Eingangsgemälde die einzelnen Teile heterogener Art und als solche durch keine Behandlung zur Einheit zu bringen sind. So illustriert das erste aus der Malerei genommene Gleichnis die Einheit des Stoffs, das zweite der Plastik entlehnte die Einheit der Form.

32 die Handschriften haben *unus* und *imus*, letzteres die besser beglaubigte Lesart des Archetyps. Liest man *imus*, so fasst man das Wort entweder lokal, wie schon Porphyrio interpretiert hat: *„imus h. e. in angulo ludi tabernam habens"*, oder qualitativ, indem man erklärt, der betreffende Erzgiesser sei einer der geringsten gewesen. Dass letztere Erklärung falsch ist, zeigt das was von dem Manne ausgesagt wird: ein Erzbildner, der schwierigere Partieen wie Nägel und Haare (man beachte das Epitheton *molles*) gut auszuarbeiten versteht, ist mit nichten der geringsten einer; gegen die lokale Deutung aber bemerkt Keller ganz richtig: „ich kann nicht einsehen, was die genaue Bestimmung, dass jener Erzgiesser Nr. so und so in der an jenem Gebäude befindlichen Budenreihe gewohnt habe, in unsrem Zusammenhang irgend für einen Wert haben sollte." Dagegen gibt *unus* prädikativ gefasst s. v. a. *unice* einen ganz treffenden Sinn: in der Bearbeitung gewisser Details steht der Mann einzig da, während seine Statuen im ganzen verfehlt sind (*infelix* participial = δυστυχής ὤν).

Nachdem Horaz als Grundbedingung einer Dichtung, die den Anspruch macht ein Kunstwerk zu sein, die Forderung der Einheit nach Stoff und Form aufgestellt hat, geht er ans einzelne und bringt die Hauptteile der Rhetorik, beziehungsweise der Poetik, teils in kurzer Andeutung teils in ausführlicherer Erörterung zur Sprache: Wahl des Stoffs (inventio, εὕρεσις), Anordnung (partitio, dispositio, ordo, τάξις), Sprache (elocutio, φράσις, λέξις) und Versmass (V. 38 ff.).

Was die Wahl des Stoffs betrifft, so erhalten wir zunächst nur eine formelle Beantwortung der Frage, das weitere folgt später: der Dichter, sagt Horaz, muss einen Stoff wählen, dem seine Kräfte gewachsen sind, den er völlig beherrscht (V. 38—41).

40 *potenter* fasse ich proleptisch s. v. a. *qui rem ita legerit, ut eius sit potens* vgl. 75 *impariter* s. v. a. *versus ita iuncti, ut alter alteri impar sit.*

Auch das Wesen der Ordnung wird, da Horaz an anderem Ort unter anderem Gesichtspunkt darauf zurückkommt, hier nur kurz und allgemein dargestellt. Zu richtiger Anordnung des Stoffs gehört dreierlei: einiges ist sofort anzubringen, anderes erst später einzureihen, wieder anderes muss ganz ausgeschlossen werden (V. 42—45).

Folgt man der durch sämtliche Handschriften vertretenen Stellung von V. 45 „*hoc amet, hoc spernat promissi carminis auctor*", so hat man die Wahl denselben entweder als Rekapitulation des Vorhergehenden (Kolon nach *omittat*) oder als weitere selbständige Regel (Komma nach *omittat*) zu fassen. Letzteres verdient unbedingt den Vorzug: der genannte Vers gewinnt dadurch an Bedeutung und das an den Schluss gestellte *promissi carminis auctor* ist so das natürliche Subjekt aller Verba von *dicat* bis *spernat*, während im andern Fall, wie die betr. Interpreten zeigen, das Subjekt zu *dicat*, *differat*, *omittat* zweifelhaft wird. Aus demselben Grund ist die seit Bentley üblich gewordene Umstellung der Verse 45 und 46 zu verwerfen. Mit *promissi carminis auctor* scheint ein Dichter gemeint zu sein, dessen angekündigtes Werk das Publikum mit Spannung erwartet, wie dies z. B. bei Virgils Aeneis der Fall war, mithin ein Dichter, der für die Öffentlichkeit schreibt: eben dieser ist es ja, und zwar vor allem der für die Bühne dichtende Dramatiker, den Horaz in dieser Epistel fortwährend im Auge hat.

Eingehender wird der sprachliche Ausdruck, die Diktion (*in verbis serendis* = in elocutione) behandelt (V. 46—72). Der Dichter soll im Gebiet der Sprache schöpferisch sein, er soll den Sprachschatz bereichern. Dies geschieht 1) durch geschickte Verwendung des vorhandenen Sprachschatzes, indem er alten bekannten Wörtern durch den Zusammenhang, in den er sie hineinstellt, eine neue Bedeutung verleiht, wie z. B. gleich V. 49 *indicium* oder V. 97 *ampulla*, während Cicero ad Att. I 14, 4 noch λήκυθος gebrauchte (V. 47 f.); 2) durch Neubildungen: wenn der vorhandene Sprachschatz nicht ausreicht, so ist der Dichter berechtigt neue Wörter zu bilden und zwar a) aus rein lateinischen Elementen, wie gleich V. 50 *cinctutus*, V. 194 *intercinere*, V. 246 *juvenari*, ep. I 3, 14 *ampullari* u. s. f. (V. 48—51), b) dadurch, dass er griechische Wörter durch Klang und Bildung nationalisiert, wie z. B. *amphora* von ἀμφορεύς oder — als Beispiel der „nuper ficta" — das, wie es scheint, von Horaz neugebildete *depugis* sat. 1 2, 93 von ἄπυγος (V. 52 f.). Bei diesem Punkt verweilt Horaz länger: es galt das Recht solcher Neubildungen energisch zu wahren gegenüber den Altertümlern, die in blinder Pietät gegen das Alte dieses Recht bestritten (s. Brief an Augustus). 3) durch Wiederauffrischung veralteter Ausdrücke, bei Horaz z. B. *aeternare* od. IV 14, 5 und *indecorare* od. IV 4, 36 (V. 70—72).

60 *silvae foliis mutantur* — „durch die Blätter, d. h. durch das Fallen der alten und das Hervorsprossen neuer, wandeln sich die Wälder" — eine ähnliche Ausdrucksweise wie Soph. Oed. R. 25 f. πόλις φθίνουσα μὲν κάλυξιν ἐγκάρποις χθονός, φθίνουσα δ' ἀγέλαις βουνόμοις τόκοις τε ἀγόνοις γυναικῶν.

pronos in annos s. Krüger.

An den Ausdruck schliesst sich in natürlicher Folge das Versmass. Für jede Dichtungsart ist das ihr eigentümliche Versmass zu wählen: für das Epos nach dem Vorgang Homers der Hexameter, für die elegische und epigrammatische Dichtung das Distichon, dessen Erfinder unbekannt ist, für individuell polemische Spottgedichte (vgl. die betr. Epoden unsres Dichters) der von Archilochos geschaffene Jambus, den auch die Komödie und die Tragödie angenommen haben. Die Lyrik wird nicht wie die andern Dichtarten nach ihrer Form — denn diese ist eine mannigfaltige, Erfinder lyrischer Metra kann jeder werden — sondern nach ihrem Inhalt beschrieben. Gegenstand der Lyrik sind 1) Hymnen auf Götter und Heroen 2) Siegeslieder 3) Liebes- und Trinklieder (V. 73—85).

76 *voti sententia compos* beziehe ich mit Ribbeck und Michaelis auf die epigrammatische und zwar speziell auf die anathematische Dichtung. An die erotische Elegie eines Mimnermos deren Inhalt nicht sowohl das Gefühl der befriedigten Liebe als vielmehr Liebesklage ist, kann nicht wohl gedacht werden.

Die drei folgenden Verse 86—88 leiten einen neuen Abschnitt ein. Zwar ist es wieder die Sprache sowie die Anordnung des Stoffs, wovon Horaz im Folgenden redet, und so könnte es auf den ersten Blick auffallend erscheinen, dass er das, was er V. 136 ff. von der Ordnung sagt, nicht unmittelbar an V. 45, und was er V. 89 ff. über die Sprache sagt, nicht unmittelbar an V. 72 angeschlossen hat, bei näherer Betrachtung aber schwindet das Anstosserregende: beides, Sprache und Ordnung, wird, wie V. 99 f. zeigt, unter einem neuen Gesichtspunkt dargestellt: *non satis est pulchra esse poemata, dulcia sunto*. Aus diesen Worten geht hervor, dass die Anordnung des Stoffs und die Sprache bis jetzt unter dem Gesichtspunkt des „pulchrum" d. h. der kunstgerechten Beschaffenheit hinsichtlich der äusseren Form behandelt wurde, jetzt aber unter dem Gesichtspunkt des „dulce" behandelt wird

d. h. der Wirkung, welche der Dichter auf das Gemüt des Lesers oder Hörers auszuüben hat: echte Poesie muss mehr sein als eine kalte Schönheit, sie muss, um die Empfindungen, die sie erregen will, wirklich hervorzurufen, selbst von Empfindung beseelt sein. Döderlein versteht unter *dulce* das Gemütvolle im Gegensatz des Erhabenen und verbindet deshalb V. 98 als hypothetischen Vordersatz mit V. 99 f. Fasst man dagegen *pulchrum* und *dulce* in dem oben entwickelten generellen Sinn, dem καλόν und ἡδύ des Aristoteles entsprechend, so hindert nichts in V. 99 f. eine allgemeine Vorschrift für Gedichte jeder Art zu erblicken. So Ritter und Kiene a. a. O., die mit V. 99 geradezu die zweite Hälfte des ersten Teils der A. P. beginnen lassen.

Nach Ritter und Kiene zerfällt nämlich der erste Teil der A. P. (V. 1—152) in zwei Hauptabschnitte: der erste handelt von der „pulchritudo" und zerfällt wieder in die drei Abschnitte 1) Einheit V. 1—37 2) Anordnung und Ausdruck V. 38—72 3) Versmass V. 73—98; der zweite handelt von der „dulcedo" und beginnt mit V. 99.

Dieser Gliederung glaube ich entgegentreten zu müssen. Nicht bloss, dass die neue Gedankenreihe nicht erst V. 99, sondern, wie die einleitenden Verse 86—88 zeigen, schon V. 89 beginnt, — was ich vor allem für unrichtig halte, ist dies, dass der ganze Abschnitt V. 1—98 unter die „pulchritudo" subsumiert wird. Abgesehen davon, dass die Wahl des Stoffs, von der Horaz V. 38—41 redet, in dieser Disposition keine Stelle findet, dürfte dagegen vor allem die Erwägung sprechen, dass das Grundgesetz der Einheit der „pulchritudo" nicht untergeordnet ist, sondern vielmehr über beidem, sowohl der „pulchritudo" als der „dulcedo", steht. Die Forderung des *pulchrum* und *dulce* bezieht sich bloss auf Ordnung, Sprache, Versmass. Hätte nun Döderlein Recht, der V. 89—92 vom Metrum versteht, so würde Horaz jeden dieser drei Punkte zweimal, zuerst unter dem Gesichtspunkt des *pulchrum*, dann unter dem des *dulce* zur Sprache bringen und zwar in chiastischer Ordnung: allein die Verse 89—92 handeln, wie V. 93 zeigt, nicht vom Metrum, sondern von der Sprache, so dass also bei der „dulcedo" bloss von Sprache und Ordnung die Rede ist (vgl. die Disposition am Schlusse der Erläuterungen).

Auf die naheliegende Wiedergabe der Homöoteleuta *sunto-agunto* V. 99 f. durch Reime bin ich unabhängig von Teuffel's Übersetzung von selbst gekommen.

Wie muss die Sprache beschaffen sein, damit das „dulce" erreicht wird? Darauf antwortet Horaz V. 89—135.

Jede Dichtart hat ihren besonderen Ton, ihr eigentümliches Kolorit, das sie von jeder andern Dichtart genau unterscheidet. Beispielsweise der tragische und der komische Ton — wie verschieden (V. 89—92)! Aber auch innerhalb derselben Gattung und in demselben Gedicht kann, ja muss der Ton je nach Beschaffenheit der Sache ein verschiedener sein. Da wird z. B. in der Komödie eine Erhebung, in der Tragödie eine Herabstimmung des Tones notwendig, wenn das Gedicht Eindruck auf das Gemüt machen soll (V. 93—98). Und das ist doch eine Hauptforderung der Poesie: es genügt nicht, dass ein Gedicht äusserlich schön und regelrecht sei, ein solches Gedicht kann kalt lassen, es muss auch wirksam sein und dem Leser oder Hörer ans Herz greifen (V. 99 f.). Damit die dichterische Sprache diese Wirkung hervorbringe, muss sie sowohl die πάθη, d. h. die vorübergehenden Stimmungen, wie sie durch die jedesmaligen Umstände bedingt sind (V. 101—113), als auch die ἤθη, d. h. die bleibenden Unterschiede der Charaktere, Stand, Alter, Beruf, Nationalität u. s. w. (V. 114—118) in Ton und Farbe treu wiederspiegeln, sie muss natur- und lebenswahr sein.

V. 46—72 wurde die Sprache unter dem Gesichtspunkt des „pulchrum" nach der lexikalischen Seite besprochen, es handelte sich dort um geschickte Verwendung der vorhandenen, sowie um die Einführung neuer Wörter. Aber die dichterische Sprache besteht nicht bloss aus Wörtern, sie muss auch Seele haben, es charakterisiert sie ein bestimmter Ton, eine bestimmte Farbe: dies fällt unter den Gesichtspunkt des „dulce".

115 *maturusne senex an adhuc florente iuventa fervidus* — Virgil verbindet *maturus* sowohl mit *aevi* = reif an Jahren (Aen. V 73) als mit *animi* = reif an Einsicht (IX 246), ebenso Ovid „*animo maturus et aevo*" (Met. VIII 617). Im Sinne von *aevi maturus* steht *maturus* od. IV 4, 55 (*maturi patres* d. i. bejahrte Väter), hier ist es offenbar im Sinne von *animi maturus* zu nehmen: wie *senex* und *adhuc florente iuventa*, so stehen auch *maturus* und *fervidus*, die ruhige Besonnenheit des Alters und das rasch auffahrende Wesen der Jugend einander gegenüber. Vgl. auch Cic. Brut. 83, 288.

Jeder individuelle Charakter hat so seine eigene Sprache. Die Charaktere selbst sind entweder durch die Tradition gegeben oder freie Erfindung („*finge*" V. 119) des Dichters. Ist der Charakter ein durch den Mythus oder die Geschichte gegebener, mithin eine schon gestaltete und bestimmt ausgeprägte Persönlichkeit, so muss Wesen und Sprache derselben festgehalten werden (was durch Beispiele erläutert wird); schafft dagegen des Dichters Einbildungskraft einen neuen Charakter, so gilt es demselben ein übereinstimmendes Gepräge und eine seiner individuellen Bestimmtheit entsprechende Sprache zu geben (was nicht weiter ausgeführt wird). Aber Abstraktes konkret darzustellen *(proprie communia dicere)* d. h. ein Gedankenbild so zu individualisieren, dass die Person, die man schafft, nicht eine blosse Abstraktion, sondern ein konkretes Wesen, eine bestimmte Individualität ist, das ist schwer. Besser also, man hält sich an bekannte, schon von andern behandelte Stoffe *(publica materies)*: die dichterische Selbständigkeit ist darum nicht ausgeschlossen (V. 119—135).

Auch hier weiche ich wieder von Kiene ab, der mit V. 119 eine neue Gedankenreihe beginnen lässt (Ritter wirft V. 99—152 ohne weitere Gliederung zusammen). Kiene disponiert nämlich so: 1) Behandlung der Sprache der redenden Personen V. 101—118 2) Behandlung des Stoffs V. 119—152, während ich V. 89—135 auf die Sprache, V. 136—152 auf die Ordnung beziehe. Die Verse 119—135 bilden den Abschluss des über die Sprache Gesagten: nach den generellen Unterschieden erörtert Horaz die individuelle Verschiedenheit der Sprache. Mit dem diesem Abschnitte zu Grunde liegenden Gedanken: „jeder individuelle Charakter hat auch seine eigene Sprache" verbindet sich von selbst die Frage nach der Quelle, aus der die Charaktere geschöpft werden.

124 *In vaga* nach Döderlein's Erklärung s. v. a *vaga animo* d. h. rasend. Aber nicht bloss durch die Sprache, auch durch die Ordnung, durch eine angemessene Komposition hat der Dichter auf das Gemüt zu wirken. Ewiges Muster einer echt dichterischen Komposition ist Homer: seinem Vorbild folge der Dichter (V. 136—152)!

Von der Ordnung war schon oben V. 42—45 die Rede: sie kam dort als eines der Kapitel der Rhetorik neben den andern, der inventio und der elocutio, zur Sprache, mit der elocutio selbst unter den Gesichtspunkt des „pulchrum" gestellt; denn wie der sprachliche Ausdruck, so fällt auch die Ordnung als solche in erster Linie unter diesen Gesichtspunkt. Die nähere Ausführung des dort ganz allgemein Gesagten folgt hier unter dem Gesichtspunkt des „dulce": denn die Ordnung, von der Horaz redet, ist die künstlerische Ordnung, deren Zweck es ist das Interesse des Lesers zu fesseln, ihn in fortwährender Spannung zu erhalten. Damit sie das erreiche, darf sie keine pedantische sein, im Epos oder Drama keine äusserlich chronologische, in einem didaktischen Gedicht — den Kommentar dazu liefert die A. P. — keine strengsystematische, welche den Stoff nach gewissen Kategorieen und jede derselben in gründlich erschöpfender Weise abhandelt. Einer solchen Anordnung fehlte aller Reiz („*venus*" V. 42). Gleich Homer versetze der Dichter den Leser mitten in die Sache — vgl. den Eingang der A. P. — und schreite rasch fort (V. 143 ff.), er sage immer nur das, was gerade zu sagen ist, und breche zu rechter Zeit ab (V. 43), spare mit richtigem Takt das einzelne für die Stelle und auf den Zeitpunkt auf, wo es die grösste Wirkung thut (V. 44), was seinem Zwecke fremd oder nicht glänzend zu behandeln ist, lasse er bei Seite, während er das dazu Geeignete — vgl. in der A. P. die Partieen über die Wandelbarkeit der Sprache V. 60 ff., die Lebensalter V. 156 ff., die Macht des Gesangs V. 391 ff. — con amore ausführt („*amet*" V. 45. 149 f.), und schaffe so ein in sich selbst übereinstimmendes lebendiges Ganzes (V. 152).

Für seine Vorschriften über Sprache und Komposition hat Horaz die Beispiele teils aus der dramatischen teils aus der epischen Poesie gewählt. Er deutet damit an, dass die in dem ersten Teil der A. P. aufgestellten Gesetze nicht bloss für diese oder jene einzelne Dichtgattung Giltigkeit haben, sondern als allgemeine Gesetze der Poetik zu betrachten sind. Die Schlussworte „primo ne medium, medio ne discrepet imum" kehren zu der im Eingang aufgestellten Forderung der Einheit zurück und bilden so den passenden Abschluss des ersten Teils.

Zweiter Teil

V. 153—294

Die dramatische Poesie insbesondere

Nachdem Horaz die allgemeinen Gesetze der Poetik entwickelt hat, geht er zum Drama über (V. 153—155) und zwar zunächst zur Tragödie: denn diese hat er in dem ganzen Abschnitt V. 156—219 vor Augen.

An die Spitze seiner Vorschriften stellt Horaz einen Hauptpunkt in der Darstellung der auftretenden Personen: richtige Zeichnung der Charaktere nach den verschiedenen Lebensaltern (V. 156—178).

Daran reihen sich Bemerkungen über die Handlung und die damit zusammenhängende Bühnentechnik: man unterscheide genau, was auf der Bühne darzustellen, was bloss durch Erzählung mitzuteilen ist; man lasse das Stück aus fünf Akten bestehen, wende nicht unnötigerweise einen deus ex machina an und beschränke die Zahl der sprechenden Personen auf drei (V. 179—192).

Ausführlicher verbreitet sich Horaz über den Chor und die seine Lieder begleitende Musik (V. 193—219).

Der Chor darf nicht ausser der Handlung stehen, er muss mit ihr in Verbindung gebracht werden, wie in den dialogischen Partieen, wo der Chor in der Person des Chorführers mitsprechend und mithandelnd auftritt, so auch in seinen Gesängen, die in engster Beziehung zu der Handlung des Stücks stehen müssen (V. 193—201).

Die den Chor begleitende Musik war anfangs schlicht und einfach; im Laufe der Zeit, als der (römische) Staat sich vergrösserte und Üppigkeit an die Stelle der alten Einfachheit trat, wurde sie künstlicher und prunkvoller, mit ihr auch die Sprache der Chorgesänge, die in Schwulst und orakelhafte Dunkelheit ausartete. Horaz will, dass man zur alten Einfachheit zurückkehre (V. 202—219).

Von der Tragödie wendet sich Horaz zu dem der römischen Bühne noch unbekannten Satyrdrama und entwickelt die Forderungen, die an ein solches zu stellen sind, — ob in der Absicht zu Versuchen in dieser Gattung anzuregen oder weil einer der Pisonen mit der Bearbeitung eines solchen beschäftigt war, mag dahingestellt bleiben. Horaz verlangt für dasselbe eine Sprache, die zwischen der schwungvoll erhabenen Sprache der Tragödie und der niedrig gemeinen der Komödie in der Mitte steht (V. 220—250).

245 ff. *innati triviis ac paene forenses* fasse ich mit Krüger u. a. gegensätzlich, so dass sich die folgenden Sätze mit *aut-aut* chiastisch darauf beziehen, verstehe aber unter *forenses* nicht,

wie Krüger, die „höher Gebildeten", auch nicht, wie andere, die Redner des Forums, sondern die daselbst herumbummelnden Stutzer der Hauptstadt, zu denen das folgende *nimium teneris iuvenentur versibus* unstreitig weit besser passt. Die Faune sollen ihren ländlichen Charakter bewahren, ihre Sprache soll von den Unarten städtischen Wesens, von der Geziertheit der Elegants wie von der Gemeinheit des Pöbels gleich frei bleiben.

Die Erörterungen über die dramatische Poesie schliesst eine kurze Vergleichung der römischen Dramatik mit der dramatischen Kunst der Griechen. Horaz fasst dabei zweierlei ins Auge: die Behandlung des dramatischen Versbaus (V. 251—274) und die Wahl und Bearbeitung dramatischer Stoffe (V. 275—294). Was das erstere betrifft, so rügt Horaz als Vertreter der modernen Kunstrichtung, deren Ideal griechische Formvollendung war, die Nachlässigkeit, mit welcher die älteren römischen Dichter den Vers des dramatischen Dialogs, den jambischen Trimeter, behandelten, und weist seine Landsleute mit allem Nachdruck auf das Studium der griechischen Muster hin (V. 251 - 274).

V. 253 folge ich, da ich eine befriedigende Erklärung der überlieferten Lesart nicht finden kann, Ribbeck's geistreicher Konjektur *momen* statt *nomen*, beziehe aber diesen ganzen Abschnitt nicht, wie Ribbeck thut, auf den griechischen Jambus, sondern mit Usener u. a. auf die Entwicklung, die der jambische Vers bei den Römern genommen hat. Liest man *momen*, so entsteht der Sinn: „der Jambus ist ein rascher Fuss, weshalb er auch dem jambischen Trimeter — oder, wofern man mit Ritter und Ribbeck *iambeis* nicht adjektivisch = *iambicis*, sondern substantivisch = ἰαμβρίοις fasst, dem als Trimeter zu messenden jambischen Verse — eine neue Bewegung hinzufügte, als er sechs von Anfang bis Ende gleiche Takte aufwies". Damit ist die catullische Technik gemeint. Während die Griechen den jambischen Vers von Anfang an trimetrisch massen, indem sie allemal zwei Jamben durch den Takt zu einem Metrum vereinigten, so dass die erste Silbe eines jeden dieser Metra kurz oder lang sein konnte, ging Catull und seine Schule von der Ansicht aus, dass der jambische Vers seiner Grundform nach aus lauter reinen Jamben bestehe, und baute demgemäss ganze Gedichte aus reinen Jamben, — eine Weise, der Horaz selbst in einem seiner frühesten Gedichte, der 16. Epode, gefolgt ist. Der sechsmal rasch hinter einander wiederholte Iktus verlieh so dem Vers eine raschere Bewegung: der Trimeter wurde zum Hexameter. Mit *non ita pridem* geht Horaz auf die Technik seiner Zeit über, die den griechischen Trimeter in seiner wahren Gestalt wiederherstellte, um von hier aus das regellose Verfahren der älteren römischen Dramatiker, die in völliger Verkennung der griechischen Feinheit den Spondeus überall mit Ausnahme der sechsten Stelle zuliessen, ins gebührende Licht zu setzen.

V. 270 lese ich *nostri proavi* und betrachte die Worte *at-sales* als fingierten Einwurf eines Freunds der Alten. Mit *nimium* etc. fällt ihm Horaz ins Wort, die Rede desselben in seiner Weise fortsetzend.

Anders verhält es sich mit den Leistungen der Römer in der Bearbeitung dramatischer Stoffe. Horaz wirft einen kurzen Blick auf die Entwicklung des Dramas bei den Griechen — eine „Geschichte des Dramas", kann man diese dürftigen Notizen nicht wohl nennen — um zu zeigen, dass die römischen Dichter die von den Griechen erschlossene Bahn in beiden Gattungen des Dramas, in Tragödie und Komödie, mit Erfolg betreten, dass sie sich von den Griechen emancipiert und die Stoffe im eigenen Volk geholt haben und so aus blossen Nachahmern Nationaldichter geworden sind (V. 275—294).

Den Römern — dies ist das Resultat, zu dem Horaz gelangt — fehlt es nicht an Talent, wohl aber an Fleiss und Studium, und damit leitet er zugleich über zum dritten Teil, dessen Grundgedanke kein anderer ist als der: Talent ohne Schule, Schule ohne Talent genügt nicht, vollkommene Gedichte schafft nur derjenige, welcher beides, Talent und Schule, in sich vereinigt.

Dritter Teil

V. 295—476

Vorschriften für den Dichter

Enthalten die beiden ersten Teile objektive Vorschriften über die Poesie im allgemeinen und die dramatische insbesondere, so hat es der dritte Teil mit dem dichtenden Subjekt zu thun: er entwickelt die Anforderungen, die an einen guten Dichter zu machen sind. Den Übergang bildet die humoristische Schilderung des damals zur Mode gewordenen falschen Geniewesens, welches das Studium der Kunst verschmähte. Dieser eingebildeten Genialität gegenüber will Horaz lehren, was die Erfordernisse eines wahren Dichters sind (V. 295—308).

Nach der von ihm selbst aufgestellten Disposition zeigt er:

1) unde parentur opes V. 309—322.

Dass dem Dichter die ihm nötige Fülle von Gedanken („opes") zu Gebot stehe, dazu bedarf er philosophischer Durchbildung. Die Philosophie stellt das Musterbild für das Leben auf, das sittliche Ideal: dieses hat der Dichter zu verkörpern und zu beleben.

Unter *res* V. 310. 311 ist wie unter *opes* V. 307 und *rerum* V. 322 nicht der Stoff zu verstehen — den Stoff schöpft der Dichter, speziell der tragische, den Horaz auch hier hauptsächlich im Auge hat, nach V. 119 entweder aus der Überlieferung oder aus der Phantasie — sondern der dem Dichter notwendige Vorrat von Gedanken. Der Dichter muss wissen, was er zu sagen hat; das Was aber lernt er am besten aus dem Studium der Philosophie, besonders der

Ethik. Dass *exemplar vitae morumque* nicht ein Beispiel aus dem Leben, sondern das Vorbild für die Handlungsweise und Gesinnung, das sittliche Ideal, bezeichne, scheint mir Döderlein unwiderleglich dargethan zu haben. Dagegen möchte ich *doctus imitator* V. 318 anders deuten als Döderlein, der ganz allgemein den „gebildeten" Dramatiker darunter versteht. Ich fasse *doctus* im Sinne von philosophisch. Diese Bedeutung verlangt der Zusammenhang und sie darf auch ohne weiteres angenommen werden, da Horaz nach dem Vorgang Cicero's das Wort „doctus" wiederholt im Sinne von Philosoph oder philosophisch gebraucht vgl. sat. II 4, 3. 88. II 7, 13. ep. I 18, 96. Ein „doctus imitator" ist also derjenige Dichter, der weit entfernt ein blosser Nachahmer der gemeinen Wirklichkeit zu sein das Leben vielmehr im Lichte der Philosophie, dem von ihr aufgestellten Ideale gemäss, darzustellen sucht. Von der Beobachtung des wirklichen Lebens war oben V. 89—135 und V. 156—178 die Rede.

2) quid alat formetque poetam V. 323—332.

Die Grundlage solcher Ausbildung ist eine richtige den Sinn fürs Ideale weckende Erziehung, wie wir sie bei den Hellenen sehen. Den Römern fehlt es an einer solchen. Die römische Erziehung ist eine einseitig praktische, eine allzusehr auf das Materielle gerichtete, die allen Sinn fürs Ideale, alles ästhetische Gefühl abstumpft.

3) quid deceat, quid non V. 333—390.

Der Dichter muss sich seiner hohen Aufgabe klar bewusst sein. Ziel und Zweck der Dichtkunst ist: zu belehren oder zu ergötzen oder — und dies ist das Ideal — beides, ernste Belehrung und angenehme Unterhaltung, mit einander zu verbinden. Bei der Schwierigkeit, das Ziel der Vollkommenheit zu erreichen, wird der Leser mit einzelnen kleineren Verstössen Nachsicht haben. Aber der Dichter muss an sich selbst die höchsten Anforderungen stellen. In Dingen des praktischen Lebens mag ein gewisses Mittelmass genügen: in der Poesie ist Mittelmässigkeit in keiner Weise zu dulden; denn die Poesie ist eine Beschäftigung rein idealer Art, die nur dann das Recht hat zu existieren, wenn sie Vollkommenes schafft. Eben darum ist strengste Selbstprüfung die oberste Pflicht des Dichters.

V. 347—390 wechseln Einwurf und Antwort, wie ich glaube, in folgender Weise mit einander ab. Der mehr zur Nachsicht geneigte ältere Sohn Piso's — an ihn zu denken nötigt die nachdrucksvolle Anrede V. 366 — wendet ein, man dürfe in der Beurteilung eines Gedichts nicht allzustreng sein, es gebe auch verzeihliche Fehler (V. 347—350). Horaz gibt das zu, wofern nur das Gute überwiege (V. 351—353), bestimmt aber auf die Frage „quid ergo est?" V. 353 die Grenzen der Nachsicht genauer, indem er nun auch die Kehrseite hinzufügt: ein Gedicht, das der Hauptsache nach schlecht und nur ausnahmsweise gut ist, findet keine Entschuldigung; dass ein solches Gegenstand des Spottes wird, ist ebenso natürlich, als es unbillig wäre sich zu entrüsten, wenn ein sonst vollendetes Kunstwerk nicht ganz frei von menschlichen Schwächen ist („et idem — Homerus"?) V. 354—360. Auf den erneuten Einwurf, nicht jedes Gedicht mache Anspruch auf absolute Trefflichkeit, es gebe verschiedene Grade von Güte, auch ein minder korrektes oder minder gehaltvolles Gedicht könne man immerhin noch als gut passieren lassen (V. 361—365), gibt Horaz, der geschworene Feind alles Dilettantismus im Gebiete der Kunst, die letzte entscheidende Antwort: in andern Dingen mag Mittelmässigkeit gestattet sein, in der Poesie nie und nimmer; entweder gar nicht dichten oder gut dichten (V. 366—390)!

Die Worte V. 358 f. *et idem indignor, quandoque bonus dormitat Homerus* nehme ich mit Döderlein und Ribbeck als Frage. Thut man das nicht, so gerät man in Widerspruch mit V. 351 f. *ubi plura nitent in carmine, non ego paucis offendar maculis*. Übrigens wird das Fragezeichen nicht, wie Ribbeck meint, Döderlein verdankt: diese Interpunktion findet sich schon früher, so z. B. in einer bei Tauchnitz in Leipzig 1812 erschienenen Taschenausgabe des Horaz. Eine Änderung des überlieferten *indignor* in *indigner*, sowie des *et* in *at*, wie Ribbeck will, halte ich nicht für schlechthin notwendig.

388 f. *nonumque prematur in annum membranis intus positis* — die Erklärer und Übersetzer nehmen *premere* im Sinn von zurückhalten, *clausum tenere*, aber dies ist durch *membranis intus positis* zur Genüge ausgedrückt und mit dem Zurückhalten allein ist nicht viel ausgerichtet: ich sehe in *premere* einen der Ausdrücke, die Horaz für das Feilen gebraucht vgl. V. 292 f. *quod non multa dies et multa litura coercuit atque perfectum deciens non castigavit ad unguem*. Ebenso steht *premere* im Sinne von *coercere* od. I 31,9 und ep. I 1,22 *quos dura premit custodia matrum*, wozu Tac. dial. de or. 28 den Kommentar gibt.

Das Resultat des vorigen Abschnitts: entweder gar nicht dichten oder gut dichten! leitet über zu dem letzten Abschnitt, in welchem Horaz Meister und Stümper einander gegenüberstellt:

4) quo virtus, quo feral error V. 391—476.

Er beginnt mit dem Preise vollendeter Meisterschaft. Die Dichter — so wird in hohen schwungvollen Worten ausgeführt — die Dichter sind es, welche die Menschheit gebildet und veredelt, welche sie für alles Wahre Gute Schöne begeistert haben. Auf die Meister der Dichtkunst musst du schauen, ihre Leistungen musst du zum Vorbild nehmen, damit dir deine eigenen dereinst nicht zur Schande gereichen (V. 391—407).

Zu meiner Verwunderung werden die Schlussworte V. 406 f. *ne forte pudori sit tibi Musa lyrae sollers et cantor Apollo* insgemein, keineswegs bloss von solchen, welche, wie Döderlein, unter *Musa lyrae sollers et cantor Apollo* speziell die Lyrik verstehen (hier liegt die Sache anders), sondern auch von denjenigen, welche dabei — wie ich glaube mit vollem Recht — an die Dichtkunst überhaupt denken, in aktivem Sinn gefasst: „dass du nicht etwa der Dichtkunst dich schämest". Eine solche Aufforderung war zu einer Zeit, wo das Dichten zur Manie geworden war, wahrhaftig nicht nötig, wohl aber galt es dem wie die Dichtkunst so auch den Dichter selbst entehrenden Dilettantismus mit aller Entschiedenheit entgegenzutreten; ich nehme also die Worte in passivem Sinn: „dass dir die Dichtkunst d. h. die Beschäftigung mit derselben nicht zur Schande gereiche". Sie bilden den Gegensatz zu V. 400 f. *sic honor et nomen divinis vatibus atque carminibus venit*.

Erreicht wird die Meisterschaft nur durch richtige Verbindung von Naturanlage und Kunst; die Kunst aber ist nur durch ernstes Studium zu erlernen (V. 408—418). Mit den Worten V. 418 *et quod non didici sane nescire fateri* setzt Horaz die Rede des Dichterlings ironisch fort, ähnlich wie oben V. 271 ff. Damit einer erkenne, ob er zum Dichter berufen sei oder nicht, halte er sich nicht an das Lob falscher Schmeichler, sondern an den Tadel eines redlichen sachverständigen Kunstrichters (V. 419—452).

Den Schluss des Ganzen bildet als Gegenstück zu dem unter strenger Selbstprüfung zum Meister sich heranbildenden Dichter die launige Schilderung eines in sich und seine Produkte verliebten, durch seine Einbildung verrückt gewordenen Dichterlings. Horaz beginnt und schliesst mit einer Karrikatur (V. 453—476).

454 *fanaticus error et iracunda Diana s.* Krüger.

Disposition der A. P.

Erster Teil

V. 1—152

Allgemeine Gesetze der Poetik

I Grundgesetz: Einheit 1—37, und zwar
  1 des Stoffs 1—31
  2 der Form 32—37
II besondere Vorschriften über Wahl und Behandlung des Stoffs 38—152
  1 Wahl des Stoffs 38—41
  2 Behandlung 42—152
    A Schönheit 42—85
      a Ordnung 42—45
      b Diktion 46—72
      c Versmass 73—85
    B Wirkung auf das Gemüt 86—152
      (Übergang 86—88)
      a Ton und Färbung der Sprache 89—135
      b Komposition 136—152

Zweiter Teil

V. 153—294

Die dramatische Poesie insbesondere

Übergang 153—155

I Vorschriften über Tragödie und Satyrdrama 156—250
  1 Tragödie 156—219
    A ein Hauptpunkt in der Darstellung der handelnden Personen: Charakteristik der Lebensalter 156—178
    B die Handlung 179—192
      a vor und hinter der Scene 179—188
      b Akte 189—190
      c deus ex machina 191—192
      d agierende Personen 192
    C der Chor und die ihn begleitende Musik 193—219
  2 Satyrspiel 220—250
II Die römische Dramatik im Vergleich mit der griechischen 251—294
  1 der dramatische Versbau 251—274
  2 die dramatischen Stoffe 275—294

Dritter Teil

V. 295—476

Vorschriften für den Dichter

Übergang 295—308

I unde parentur opes 309—322
II quid alat formetque poetam 323—332
III quid deceat, quid non 333—390
VI quo virtus, quo ferat error 391—476
  1 der Meister 391—452
    A Preis der Meisterschaft 391—407
    B wie sie erreicht wird 408—418
    C wie sie erkannt wird 419—452
      a negativ: Warnung vor Schmeichlern 419—437
      b positiv: Empfehlung eines aufrichtigen Kunstrichters 438—452
  2 der Stümper 453—476